LA VERSION,

GUIDE DES ASPIRANTS AU BACCALAURÉAT

SOIT ÈS-LETTRES, SOIT ÈS-SCIENCES,

Par M. GOUNIOT,

LICENCIÉ ÈS-LETTRES, OFFICIER D'ACADÉMIE.

AUTEUR DU NOUVEL EXPOSÉ DE LA COMPOSITION LITTÉRAIRE.

PARIS.
A LA LIBRAIRIE CLASSIQUE
DE MADAME Vᵉ MAIRE-NYON,
13, QUAI CONTI, PRÈS DE L'HÔTEL DES MONNAIES.

LA VERSION,

GUIDE DES ASPIRANTS AU BACCALAURÉAT

SOIT ÈS-LETTRES, SOIT ÈS-SCIENCES.

PARIS. — IMPRIMÉ PAR E. THUNOT ET C°, RUE RACINE, 26.

LA VERSION,

GUIDE DES ASPIRANTS AU BACCALAURÉAT

SOIT ÈS-LETTRES, SOIT ÈS-SCIENCES,

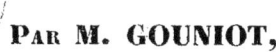

Par M. GOUNIOT,

LICENCIÉ ÈS-LETTRES, OFFICIER D'ACADÉMIE.

AUTEUR DU NOUVEL EXPOSÉ DE LA COMPOSITION LITTÉRAIRE.

PARIS.
A LA LIBRAIRIE CLASSIQUE
DE MADAME V° MAIRE-NYON,
13, QUAI CONTI, PRÈS DE L'HÔTEL DES MONNAIES.

1857

LA VERSION.

— La *version* est la traduction exacte d'un texte étranger.
— Cette traduction est écrite, puis orale, aux examens; remise sur copie, elle se nomme version; improvisée, à l'ouverture d'un classique, elle se nomme *explication*.
— La version latine est la première et la plus sérieuse épreuve: c'est que, bien faite, elle établit que l'élève, outre la facilité, acquise lentement, de rendre avec aisance les mots et les phrases d'une autre langue ayant, nécessairement, un autre génie, possède orthographe, style, connaissances variées, jugement et goût.
— Une *traduction*, dans l'acception ordinaire, est la version continue de tout un ouvrage; c'est un livre dont s'est enrichie notre langue : nous n'avons pas à nous en occuper ici. Nous voulons apprendre à faire la version classique.
— La version est donc de deux sortes, en réalité : l'une est *écrite*, l'autre est *orale* : c'est que le texte dicté, toujours trop peu étendu, traduit presqu'à loisir, avec tous les secours de la grammaire et du dictionnaire, ne prêterait qu'à une appréciation peu sûre, si celle-ci n'était confirmée par l'explication, sinon improvisée, du moins imprévue, d'un classique que les *études* ont dû faire connaître. Qui fait mal la version ne saurait traduire à livre ouvert. L'importance de la version est constatée; quelle est la marche à suivre? quel est le but à atteindre? — Deux opérations *successives* sont nécessaires.
— Il faut : 1° *comprendre*; 2° *traduire*; c'est-à-dire : 1° saisir le sens, tout le sens, des mots, des phrases et de l'intention de l'auteur; 2° rendre fidèlement cette pensée à nous étrangère,

ces phrases et ces mots, en un style équivalent. — Double difficulté, mais bon résultat assuré ! En effet :

— Le sens compris donnera le *littéral ;* la traduction vraie sera *le français.*

— Le littéral, *sans le français,* serait un calque grossier ; ce ne serait plus le modèle. L'auteur parlait sa langue, vous ne parlez pas la vôtre, celle de votre époque, en traduisant le mot par le mot correspondant. Rien n'est plus infidèle que ce religieux scrupule à l'égard de la lettre.

— Le français, même élégant, *sans le littéral* pour base, n'est rien qu'une capricieuse interprétation : en vain prétendriez-vous à avoir un style, à user de votre style à vous ; l'objection est sans réplique : vous ne devez pas avoir de style à vous ; ici, vous n'êtes pas écrivain, vous êtes traducteur : votre style peut valoir mieux que celui de l'auteur, sans ironie ou compliment ; vous n'avez ni la subtilité de Sénèque, ni la boursouflure de Lucain ! N'importe : ne corrigez pas, traduisez !

Ce scrupule, en plus ou en moins, qui *s'arrête au littéral,* ou va jusqu'*au bon français,* est la première erreur, après l'ignorance de l'art de traduire, qui fait qu'*on ne réussit pas.*

Résumons : *avoir le littéral pour arriver au français est indispensable :* on fait mal la version, parce qu'on a fait le français sans faire d'abord le littéral, sans le faire complètement. On se contente du littéral, parce qu'on entrevoit à peine le sens ; parce qu'on a peur de s'élever avec l'orateur, avec le poète ; on associe des phrases en littéral avec des phrases françaises, parce qu'on est tantôt soi-même et original, tantôt interprète incertain. Ce n'est pas cela. Il s'agit de comprendre, il s'agit de traduire.

1° COMPRENDRE.

— La version est à comprendre. Elle a ou elle n'a pas un sens général, déjà entrevu, à la dictée, à la lecture. Il est d'abord toujours possible de dire, après s'être assuré de l'exactitude du texte, s'il s'agit d'un fait historique, d'un exposé philosophique ou d'une démonstration oratoire. C'est là une synthèse qui doit servir de lumière pour éclairer tous les détails.

— Donc : 1° assurez-vous, *une fois,* de l'exactitude du texte donné ; ne le vérifiez pas à plusieurs reprises et phrase par phrase, en hésitant tantôt sur un mot, tantôt sur un autre, peut-être déjà collationné.

— 2° Tâchez d'avoir la *synthèse* : le titre, s'il est donné, la fournit; la lecture du texte la fait deviner. Rappelez-vous le fait *historique* : l'auteur ne peut guère varier que sur quelque donnée secondaire ; suivez par la *logique* l'enchaînement des idées : l'auteur, puisqu'on vous le fait traduire, a dû bien raisonner, raisonnez bien vous-même : vous serez d'accord; la donnée *oratoire* est plus difficile à saisir : sachez si le nom de l'auteur vous est livré, de quelle époque, de quel parti il était, dans quelles circonstances, devant qui, pour qui il prend la parole; si le nom ne vous est pas livré, reconnaissez d'abord l'auteur à son style : c'est moins difficile qu'on ne le suppose : Tacite et Cicéron, Tite-Live et César ont la même langue : l'emploient-ils de la même manière? Non, un élève de 4e ne s'y tromperait pas.

— Avant de chercher à traduire un mot, faites ce travail préliminaire, tout de réflexion, sur l'ensemble.

— Cet ensemble est un tout, composé de phrases, *distinctes* les unes des autres à l'aide des points, *coupées* en parties à l'aide des virgules. Chaque point, chaque virgule, chaque mot a été confronté avec le point, la virgule, le mot du texte officiel, ordinairement mis à la disposition du candidat ? Marchons !

— L'unité du sujet est au moins entrevue quant à l'*idée*. L'unité matérielle, le texte lui-même est à diviser en parties.

— Ces parties, ce sont les phrases, toutes terminées par des points. Il y a quatre, huit, dix, quinze phrases dans la version entière. Il est bon d'ajouter après chacune d'elles un petit trait (—) afin de les bien distinguer : trop de précaution ne peut nuire. Les fautes les plus grossières, l'incertitude, au moins, dans l'interprétation, résultent du peu de soin apporté à bien voir la contexture du passage proposé comme épreuve. L'inadvertance ainsi accuse de légèreté, et la légèreté promet un défaut de logique : les contre-sens mêlés au sens vrai font plus mal augurer de l'élève, qu'un contre-sens perpétuel, continu depuis la première à la dernière phrase, mais du moins soutenu et vraiment logique.

— Ici commence le travail véritable. Il est double : il faut que l'analyse s'occupe du *sens de chaque mot*, et qu'aussitôt la synthèse fasse découvrir le *sens du mot dans la phrase*, en vertu des rapports; puis, par la même raison, le *sens* que donnent les *phrases* par leur juxtaposition. Pour cela, n'oubliez pas que le sens général de la version déjà connu ou entrevu, est comme la pierre de touche qui indique la valeur réelle des mots et des phrases : rapportez donc tout à ce sens général avec lequel rien ne peut, logiquement, être en contradiction.

— Les mots peuvent avoir trois sens : la synthèse dit lequel est à choisir.

1° Le *sens propre*, lequel est souvent fort divers, en vertu de certains rapports de similitude et même de contraste, d'extension ou de diminution, d'antécédents et de conséquents. Le mot *croissant* a, en français, six sens : 1° c'est le participe présent du verbe croître ; 2° la figure de la nouvelle lune ; 3° l'emblème de la puissance ottomane ; 4° une faucille propre à couper les blés ; 5° une espèce de moineau d'Afrique ; 6° un poisson du genre du labre. Les mots latins, pour les mêmes raisons, ne sont pas moins riches en significations diverses. Il suffit, pour s'en convaincre, d'ouvrir le dictionnaire.

—Ce n'est pas tout : les *homonymes* ont avec les mêmes lettres, et souvent, la même quantité, par conséquent la même prononciation, un sens fort différent : *si vis* = si vous voulez ; *civis* = citoyen ; *ore* = par la bouche ; *auræ* = du souffle, ou les vents, etc.

2° Le sens *de position*, lequel dépend de la place du mot dans la phrase, ou de l'intention de la personne qui parle : sur les lèvres de tel ou de tel personnage, le mot le plus simple a une immense portée, ou la phrase la plus pompeuse, la plus menaçante ne signifie rien. Ajoutez cette considération que les langues les plus parfaites sont toujours impuissantes à traduire toutes les nuances des idées ; que, par conséquent, il faut toujours chercher sous les mots ce que les mots n'ont pas su traduire. Si on s'arrêtait au sens exact des mots, on pourrait répéter cet axiome d'un homme d'esprit : « Il y a toujours les trois quarts d'absurde dans tout ce que nous disons. » Étudions cette phrase, en exemple :

Et de David éteint rallumer le flambeau.

Cela par hasard signifierait-il rallumer le flambeau éteint de David ? Eh ! non pas ! — David a brillé, métaphoriquement, sur sa nation; il s'agit de continuer, de renouveler sa race; le mot *éteint* amène *rallumer*, et celui-ci, *flambeau*. — « Vous m'aviez promis de me faire sortir de prison, et vous me tenez parole, » dit Marie Stuart à Leicester. Ces mots sont fort simples, pas un mot n'est détourné de son sens propre; mais Leicester s'intéressait au sort de Marie; Élisabeth fut jalouse de cet intérêt; il avait promis à Marie de la faire sortir de prison, soit par son crédit, soit par quelque ruse, et Élisabeth a forcé son favori à conduire, lui-même, au supplice Marie; elle, alors, adresse à Leicester cette ironie qui doit lui déchirer le cœur : aucun reproche, aucune plainte n'eût eu la valeur de cette phrase qui semblerait si simple à qui ignorerait les antécédents. Il en est de même en latin : *Et tu Marcellus eris ; et tu seras Marcellus*, n'approche pas même du sens de l'auteur. Mais si l'on sait que la sœur d'Auguste tomba en faiblesse en entendant ces mots, on traduira : « Toi aussi tu seras un second Marcellus, *si... qua fata aspera rumpas...* » Mais le jeune Marcellus mourut si jeune! et sa mère, etc.

3° Le sens de position touche de bien près *au sens figuré : flambeau* était une métaphore, *tenez parole* était une ironie. Pour avoir le sens vrai des *mots* et des *phrases*, il est bon d'avoir dans l'esprit le souvenir bien arrêté de la valeur des *figures :* elles sont de deux espèces : elles portent 1° sur un *mot* ou 2° sur une *pensée* entière. = 1° — 1. Les figures de mots *impropres* ajoutent ou retranchent une ou plusieurs lettres, une ou plusieurs syllabes, un ou plusieurs mots : ce ne sont que des exceptions grammaticales autorisées : *Jŭpĭtĕr* devient *Jŭppĭtĕr; rĕlĭgĭŏ, rĕllĭgĭŏ; sȳlvæ, sĭlŭæ; mūsæ, mūsāī; vides ne, viden'; novistine, nostin'.*

Le latin a bien plus que le français de ces tours étranges : nous disons : je l'ai vu, de mes yeux vu, vu, vous dis-je, vu, moi-même; voilà un pléonasme : ici l'ellipse n'est pas moins remarquable :

Je t'aimais inconstant, qu'eussé-je fait fidèle ?

— Ce vers serait fort clair, prononcé par un homme; mais c'est Hermione qui l'adresse à Pyrrhus; dès lors, *inconstant* ne peut plus se rapporter au sujet *je*, il s'accorde fort bien avec *te :* le sens est : *je t'aimais quoique tu fusses inconstant;* ici est la difficulté : *fidèle*, peut être du masculin et du féminin, mais comme le pronom *je* seul exprimé est du féminin, c'est donc Hermione qui met en doute sa propre fidélité ? — Ce sens adopté serait un contre-sens : *fidèle*, par syllepse, se rapporte à Pyrrhus, qui avait quitté Hermione pour Andromaque.

— On voit que les plus simples figures doivent parfois jeter dans un grand embarras, dans une grande perplexité, si l'on n'a rien d'ailleurs pour deviner.

— 1° — 2. Les figures de mots qui sont *tropes* n'altèrent pas seulement la forme des mots, elles changent complétement le sens; et de deux manières aussi. — 1. Par *métonymie*, il y a un mot exprimant le plus pour le moins ou le moins pour le plus. Si quelqu'un avale la coupe écumante, ce n'est que le *contenu* non le contenant, voilà le plus. Si l'on dit : on aperçoit une *voile*, on annonce un *vaisseau* : le soldat qui rentre dans ses *foyers*, rentre dans sa patrie, dans sa famille, et peut-être même n'a-t-il pas de foyer ! — voilà le moins pour le plus. — 2. Par *métaphore*, il y a un mot pris à la similitude qui remplace le mot de la chose ou de la personne dont on veut parler : ce *lion* s'élance au combat. — Veut-on parler d'un lion à crinière, à quatre pattes? Nullement. Achille est *comme* un lion qui s'élancerait : de là, Achille est un lion, c'est un lion, ce lion s'élance. Telle est la double base des figures de mots.

— 2° — 1. Les figures de pensées se divisent aussi en deux séries. Affectant la pensée et non plus un mot seulement, elles sont *dépendantes* ou *indépendantes* du tour de la phrase. — 1. Les dépendantes sont l'*antithèse* qui oppose les mots aux mots, les pensées aux pensées; l'*antéoccupation* et la *subjection* qui se saisissent d'avance de l'objection possible afin de la réfuter; l'*adjonction* qui réunit à la première proposition toutes celles qui suivent; la *suspension* qui fait attendre l'idée principale ; la *réticence* qui la supprime tout à fait; l'*épiphonème* qui fait une courte réflexion sur tout ce qui a été exposé. Il en est beaucoup d'autres qui ne sont pas des figures moins importantes. — Au point de vue de la version, elles présentent cette difficulté : le point important de la pensée est à saisir : ce point se fait attendre, ou cette objection prévue et réfutée *n'est point la pensée principale*, c'est vers celle-ci seulement qu'elle reporte l'esprit.

— 2° — 2. La figure de pensée *indépendante* du tour de la phrase peut aller jusqu'à sembler dire le contraire de ce que l'on veut faire entendre : c'est l'*ironie* qui dit le bien pour le mal ; l'*astéisme*, le mal pour le bien ; c'est la passion où l'imagination qui rend la vie aux morts dans la *prosopopée*, qui anime les êtres abstraits par la *personnification*, qui adresse la parole aux êtres inanimés ou vivants par l'*apostrophe* ; qui appelle un mal, un bien, à l'aide de l'*imprécation* ou de l'*obsécration*, ou qui tente de détourner un malheur par la *permission* ou la *déprécation*. — Comprendre le *sentiment* est le premier secret pour comprendre le sens de la phrase. — Les versions extraites des poëtes ou des orateurs présentent surtout ce genre de difficultés, tandis que les figures *dépendantes* du tour se trouvent surtout dans les versions extraites des dialecticiens. — L'*hyperbole* avait exagéré outre mesure par passion, amour, haine, admiration ; la *communication* par une ruse d'éloquence feint de confier ce qui doit servir à réfuter : celle-ci est figure de pensée dépendante, celle-là indépendante. La nuance est évidente.

— Tel est tout le système des figures, lesquelles ont tant d'importance pour l'intelligence d'un texte : car un langage complétement figuré pourrait fort bien être, pour l'esprit, ce que serait, pour les yeux, une écriture hiéroglyphique.

ÉTUDE DES PHRASES.

— Les mots s'éclairent l'un l'autre, se modifient l'un par l'autre. Les phrases à leur tour se prêtent une lumière mutuelle, et déterminent le sens à donner à chaque mot. La synthèse toujours seconde l'analyse : sans cela, on aurait, sur chaque mot, à hésiter entre 4 ou 5 acceptions, à voir s'il y a ou s'il n'y a pas figure. Loin de là, au lieu de chercher tour à tour chaque mot douteux dans le dictionnaire, de traduire une phrase, puis une phrase, et de persévérer dans ce travail inintelligent, il est bon de *chercher de suite tous les mots* dont on est incertain : il en est 5, 10 ou 15 au plus : — c'est 10 ou 15 minutes. — Pour les découvrir d'abord dans le texte, on l'a lu attentivement 5 minutes ; — voilà 20 minutes. — Pour marquer d'un *trait* les mots douteux, puis les chercher et en choisir le sens dans le dictionnaire, on a réfléchi 5 ou 10 minutes sur les données historiques, sur les tendances du sujet, sur les caractères, les temps, les lieux, les circonstances qui ont dû faire naître le passage qui est à traduire :

— Voilà une 1/2 heure perdue ? — Nullement ! bien employée : on possède sa version en totalité, en grande partie du moins : on est sûr des mots, sûr de l'unité.

— Ce travail de méditation qui est le plus important et qui n'est presque jamais fait, ce coup d'œil sur l'ensemble qui donne raison du tout et de chaque partie, ce travail ne saurait être trop recommandé : si le style est l'homme, comment traduire la pensée d'un homme qui a vécu il y a deux mille ans, sans réfléchir d'abord à ce qu'étaient les mœurs, les opinions, les croyances, les habitudes, les intérêts, les passions, sans connaître le milieu enfin dans lequel vécut cet homme ? L'histoire est la première initiation : les mots du texte en reçoivent le sens le plus clair. Il est au contraire des élèves qui, au moment où le signal de remettre la copie est donné, *cherchent*, et ont encore à chercher *un mot*, si ce n'est deux, trois ou quatre. Ils peuvent se tenir pour certains d'échouer. Ils *n'ont pas fini ?* Qu'importe qu'ils aient commencé ?

— La *première* ou la *dernière* phrase d'un paragraphe est la plus importante. D'ordinaire, la première proposition est *celle-là qui est à prouver;* elle peut être précédée d'une courte introduction, mais il est facile de voir quelle pensée a le texte pour *développement*. La dernière phrase est ordinairement la *conclusion;* la première était la majeure, l'autorité, l'axiome, l'hypothèse, le terme de comparaison, le point de départ ; la dernière est l'idée adoptée, le parti pris, le conseil donné, la vérité ou l'erreur devenue évidente, la conséquence enfin qui, au début, n'eût semblé être qu'un paradoxe.

— Parfois dans une phrase il y a *deux idées* contrastantes : c'est que l'une est adoptée et que l'autre est réfutée ; on a fait une contre-démonstration, on a prouvé par l'absurde, et il reste au fond une véritable unité de vue. Il en est presque toujours de même dans le parallèle : quoique deux personnages soient mis en comparaison ou en contraste, il est probable que l'un d'eux est préféré. Puis, il est aussi à comprendre que l'unité n'exclut pas la pluralité des détails ; qu'une énumération indiquant tous les legs faits par Auguste, par exemple, rentrerait dans l'unité de la version : Testament d'Auguste. Tacit. Ann. liv. 1.

— Quelquefois une idée est seule développée, et c'est l'idée *contraire* qui est dans la conclusion ou même dans la proposition. Cela peut surprendre : c'est qu'alors l'on a raisonné par induction, par contraste, par hypothèse et que, la démonstration faite, on adopte soudain ou l'on rejette l'hypothèse; le doute proposé, l'objection mise en avant.

— Une difficulté plus grande est dans la distinction des personnages : s'il y en a deux qui parlent ou dont il est tour à tour parlé, gardez-vous de prêter à l'un ce qui est dit de l'autre. En grec μεν, δε aident à distinguer; mais, en latin, souvent il n'y a pas le moindre mot, si ce n'est peut-être les mots *tum, tum;* les corrélatifs *quantus, tantus, qui, is;* parfois le cas reste le même pour le même personnage, et le cas est changé quand on parle de l'autre. C'est toujours la réflexion qui est le meilleur guide : Peut-il être dit cela de tel personnage, ou de celui-ci plutôt que de celui-là ? — Ceci s'applique surtout à l'Art poétique, aux satires et aux épîtres d'Horace; toutefois la difficulté se trouve dans les versions ordinaires : on dit le Grand César; mais que Lucain dise *tu, Magne, times,* demandez-vous ceci : lequel des deux devait craindre une nouvelle renommée ? — Pompée. — Et d'ailleurs, l'histoire apprend qu'on disait le Grand Pompée, comme on a dit le Grand Condé, et plus brièvement, le Grand. — Vous avez dû écrire Magne, avec *m* majuscule. — Quel est ensuite celui qui a *déjà* une fortune qui élève ses espérances ? — Ce n'est point Pompée, qui *depuis longtemps* est parvenu au comble de la gloire, à la première dignité de l'État, à une supériorité sans rivale: le reste de la version le dit, si l'histoire ne vous l'a appris. Donc ici c'est César dont l'ambition croît avec la fortune : *te jam,* c'est César. (Voir la Pharsale, liv. Ier.)

— Entre les phrases, il y a solution de continuité ! — C'est probablement une simple apparence : il est rare, il devient fort rare qu'un texte soit tronqué à plaisir, et que l'on mette en défaut, par des *sutures* mal faites, la logique qui est la première condition à demander à l'intelligence du candidat. Pourtant *sed* qui marque une opposition, ou *nam* qui établit une liaison, ne saurait mettre la phrase commencée en rapport avec la précédente ? — C'est qu'alors l'écrivain a supposé que la preuve émise donnait l'affirmation; les effets, la cause; les conséquences, le principe : et, pour être plus bref, il s'est dispensé d'énoncer ce principe et cette cause ! Tacite, presque à chaque page, fournirait un exemple.

— Étudions de plus près la contexture des phrases et leur valeur relative.

— Les phrases sont indépendantes ou liées entre elles, et forment un ensemble de propositions qui contribuent à donner un sens complet; de plus elles sont principales ou secondaires.

— *Indépendantes?* Elles sont, probablement, toutes principales, et doivent se traduire une à une. Toutefois la synthèse du texte entier leur donne une valeur relative. Les *espérances* ou les *craintes* que fait naître le règne de Tibère sont ainsi exposées par Tacite, Ann., liv. I.

— *Liées entre elles?* il en est une, au moins, qui est principale; les autres sont secondaires.

— Il pourrait se faire qu'il y eût plusieurs *principales* ou qu'elles le fussent toutes : *Il pleure, il rit et chante tour à tour* sont trois propositions liées et principales; si l'on ajoutait, *quand il me voit*, — on aurait une proposition *secondaire*. D'après cet exemple;

— Une proposition secondaire n'a qu'une importance moindre, quant au sens. Reconnaître l'importance du sens entre deux ou plusieurs propositions est une affaire de jugement, avant tout; cependant il y a des moyens pour ainsi dire matériels qui fixent, au besoin, l'indécision.

— La proposition secondaire est 1° *explicative:* « Je connais cet homme — *qui passe.* » *Je connais* est proposition principale; *qui passe* est secondaire, *explicative*.

— La proposition explicative peut de plus être *subordonnée:* « Envoyez un homme — qui passe par cette ouverture. » *Qui passe*, est une proposition *subordonnée*. Nous insistons : distinguez *au sens* la proposition principale et la proposition secondaire; distinguez, au sens et *à la forme*, la proposition explicative et la subordonnée ; l'explicative est à *l'indicatif*, la subordonnée au *subjonctif:* voilà pour la forme ; voici pour le sens : connaissez-vous cet homme *parce qu*'il passe? Non, vous le connaissiez auparavant. Passe-t-il *parce que* vous le connaissiez ? Non. Les deux phrases sont donc indépendantes, quoique liées, et *qui passe* est simplement une proposition explicative. Mais, enverrez-vous cet homme *afin qu*'il passe ? Oui. Passera-t-il ou essayera-t-il de passer *parce que* vous l'envoyez? — Oui. *Qui passe par cette ouverture*, est donc proposition liée secondaire, explicative et de plus subordonnée. Notez que la logique, en latin comme en français, exige les mêmes temps du verbe.

— La distinction entre la valeur des propositions est donc très-facile, puisque vous avez déjà le sens de chaque mot par la méthode indiquée.

— Essayez ensuite de traduire en commençant *toujours par la proposition principale*, quelle que soit la place qu'elle occupe dans le texte, et traduisez dans cet ordre : 1 *le sujet* et l'adjectif, 2 *le verbe* et l'adverbe, 3 puis *les régimes*, d'abord les plus courts, et, s'ils ont le même nombre de mots, à peu près, commencez par le régime direct ; car il précise l'action du verbe. Ouvrez un classique et essayez. Pour plus de sûreté dans la marche, mettez les chiffres 1, 2, 3 devant les mots ci-désignés, dans chaque phrase, et le reste des mots ne présentera plus de difficultés. Faites plus encore, marquez les phrases principales par 1°, 2°, 3°, et les secondaires par I, II, III.

— Mais le sujet ou le verbe manque ? — Ne mettez pas le chiffre correspondant ou rétablissez les mots sous-entendus avec le chiffre.

— Mais il y a embarras sur le mot qui doit être choisi comme sujet : si les terminaisons latines *a, e, as, es, os* appartiennent au nominatif qui est sujet, elles appartiennent aussi à d'autres cas qui sont régimes directs ou indirects. Que faire ? — D'abord bien connaître le sens des mots, savoir de quelle déclinaison est chacun d'eux ; *a* ne peut être qu'un nominatif, vocatif ou ablatif, et du singulier, s'il est la finale d'un mot de la première déclinaison ; il sera nominatif, accusatif ou vocatif, du neutre et du pluriel, surtout, s'il est de la troisième déclinaison : ainsi de suite. — Ce n'est là un tâtonnement pénible que pour ceux qui ont cru pouvoir improviser leurs études, et non pour les élèves qui ont suivi un cours élémentaire véritable. — Quoi qu'il en soit, rapprochez le mot qui *semble* être le sujet du verbe lui-même : celui-ci est-il au singulier ? il ne peut avoir pour sujet un mot qui a la terminaison du pluriel ; l'inverse arrive parfois avec un *collectif :* le verbe est au pluriel, bien que le sujet soit au singulier : « *Turba*, la foule, *ruit* ou *ruunt*, se précipite. » — Le verbe fait ainsi rejeter parmi les régimes tous les mots qui semblaient vouloir, sans droit, être pris pour des sujets.

— Si pourtant deux mots, en vertu de la terminaison, semblaient, après cette première épreuve, conserver un droit égal ? — Interrogez le bon sens, il donnera aussitôt le sens vrai et déterminera les accords. Par exemple : — Si Claudius n'obtient pas de Furfennius la somme qu'il lui demande, il le menace de ceci :

« *Se* in domum ejus *mortuum* illaturum esse. » Cic. Pro Milone. Peut-il *lui*, Claudius, se tuer et se transporter *mort* dans la maison de Furfennius? Non! — Donc il menace d'y transporter *un mort*.

— De cette nécessité de rapprocher par le bon sens les mots pour voir s'ils se lient entre eux, ressort cette règle enfin généralement adoptée : *Traduisez*, non le mot sous le mot, et mot à mot, mais *par petits sens*, par deux, trois, quatre et même cinq mots, qui vous donnent déjà ou le sujet complet, ou le sujet et le verbe, ou le verbe et l'adverbe, l'un ou l'autre régime tout entier : l'esprit ainsi s'habitue à la synthèse, et il est plus facile de saisir une phrase entière d'un coup d'œil, quand on l'a vue déjà en trois ou quatre morceaux, que si on avait vu séparément douze ou quinze fragments sans liaison. L'ancienne méthode du mot à mot faisait produire ces petits chefs-d'œuvre d'absurdité qui ont acquis une sorte de célébrité traditionnelle.

— Le conseil de traduire *par mots concordants* s'applique surtout à la version orale, dite explication. Autre difficulté :

— Tous les candidats ne savent pas que les bonnes éditions classiques ne présentent plus *aucun signe d'accentuation* : si donc ils s'attendaient à voir un accent grave sur les conjonctions et les adverbes, un accent circonflexe sur certains ablatifs, ne trouvant pas ces accents, ils pourraient essayer de mettre l'ablatif ou l'adverbe pour sujet, et la préposition *cum* leur semblerait être la conjonction *quum* qui s'écrit aussi par un *c*. Mais la préposition cum est immédiatement suivie d'un ablatif; cum *conjonction* est suivi d'un verbe ou d'un mot à tout autre cas que l'ablatif. — Nous venons de voir un changement de méthode?

— Ici, une question importante : *Est-il bon de faire la construction?* — Nous n'hésitons pas à répondre : *Non!* Non, pour *traduire*, car il faudra suivre l'ordre du texte, et non encore pour *comprendre*, car les mots ont assurément une valeur de position que l'on supprime en détruisant l'ordre adopté par l'auteur. En recommandant d'abord de faire la construction, nous n'avons fait à regret rien autre chose qu'une concession à l'usage, disons mieux, à la routine. Sans doute notre langue est *analogue*, c'est-à-dire que la phrase range les mots selon l'exigence de la logique : nous sommes habitués à notre langue, il n'est donc pas absurde de ramener la pensée étrangère à la forme de notre pensée; car la logique est une, partout, mais il y a danger, à l'aide de cette forme, de substituer notre pensée à la pensée qui n'est point la nôtre, et voyez : autrefois, une traduction élégante, facile, semblait offrir la condition suprême du succès. On a mis du temps à s'apercevoir que le contre-sens était le corrollaire à peu près obligé de ce système d'élégance parfaite, perpétuel; il est probable qu'il faudra encore du temps pour qu'on arrive à proclamer que *la construction vraie est la construction adoptée par l'auteur*, et que, s'il n'est déjà plus possible d'aspirer au titre de traducteur, si l'on n'a suivi le mouvement de la phrase calquée, il n'est pas plus facile de tout comprendre dans le texte, en ne suivant pas, pour avoir même le littéral, ce même mouvement. Provisoirement, nous ne proscrivons pas la *construction*, mais nous sommes d'avis de lui donner pour contre-épreuve la lecture de la phrase, en la scindant par sens distincts. Bien lire, c'est déjà comprendre.

— Ce que nous disons là des mots d'une phrase en général, nous le disons des propositions dans l'ensemble d'une période : ne dérangez rien, sous prétexte de ranger! Sans doute il est fort bon, et de distinguer chaque proposition, et de reconnaître de chacune d'elles la valeur véritable, et de recoudre les parties de toute proposition coupée par des incidences; mais il reste indubitable que chaque incise ou apposition, incidente, explicative ou subordonnée est, dans le texte, à sa place, à sa vraie place, à l'unique place qui lui convient, si l'auteur a su écrire, et c'est probable, puisqu'il s'agit d'un classique. Or, comme traduire dans l'ordre des propositions sera la condition imposée au traducteur, que ne commence-t-il par comprendre dans l'ordre qu'il a sous les yeux? — Que du moins il essaye. En vérité, construire, c'est renverser.

— C'est dire que nous approuvons, de toute la force de notre conviction, pour le littéral, la *métaphrase*, telle que l'ont essayée, il y a peu, Chateaubriand et Lamennais. Toutefois la métaphrase n'est pas une traduction, c'est une interprétation, ou si l'on veut une initiation : le génie est par là révélé : il n'est pas compris par la foule.

— Après la traduction des mots avec et sans construction, le sens est resté vague, indécis, évidemment absurde, au moins dans *une* proposition? — C'est là ce qui ordinairement a lieu : On sait fort bien qu'on va faire un contre-sens, mais on ne sait comment le corriger; on cherche alors à se réfugier dans une demi-obscurité : on espère que la transparence du littéral exact fera supposer qu'on a vu, du moins entrevu ce qu'on n'a pas même soupçonné; et que cette présomption en faveur de la traduction vaudra au traducteur indulgence, assentiment, approbation même? — Il n'en est rien : ce qui n'est pas clair n'est pas compris; ce qui n'est pas compris est un contre-sens.

— Comment éviter le contre-sens? Tel est le nœud à trancher.

— D'abord êtes-vous sûr du sens de *chaque* mot?

— Avez-vous fait la construction, sans *omettre* un seul mot?

— Avez-vous *relu le texte* des phrases enchaînées dans l'ordre qui est sous vos yeux? — Oui. — C'est bien.

— Laissez donc là le dictionnaire, cet oracle muet consulté *in extremis*; consultez votre seul bon sens : comme toujours, il va donner le sens cherché. Soyez d'abord bien convaincu que chercher le sens dans la phrase douteuse, c'est chercher la certitude dans le doute, c'est se heurter sur le même point à l'obstacle, tandis qu'il s'agit de le tourner. Une figure va éclaircir la chose : si vous cherchez la valeur d'un signe mal formé, donné pour un chiffre (3) vous direz c'est un 5, un 6, un 3, un 4, peut-être un 8, un 0 : vous avez quatre ou cinq chances de vous tromper, contre une d'aller au vrai; mais si le problème est ainsi posé : Quel est le chiffre qui avec 2 donne 5, je crois qu'il n'est personne qui puisse ne pas dire : trois. Ainsi (3) c'était un 3 mal formé. Faites de même dans la déduction des idées : la première phrase est comprise, la troisième est comprise, reste l'intermédiaire. Dites : quelle idée, jointe à la première idée, amène la troisième idée? — Qui parle? de qui, de quoi parle-t-on? — Je ne sache pas qu'il se soit présentée une idée rebelle au point de rester, à ces questions, opiniâtrement voilée. A moins toutefois que le texte ne soit profondément altéré, et que *l'arrangeur* mal habile, au lieu de donner le texte classique, se soit complu à faire un latin à lui appartenant, à réunir trois ou quatre chapitres dans un paragraphe, à ne donner que des phrases détachées sans logique et sans unité. — Nous aimons à croire que cela ne se fait pas ou ne se commettra plus.

— Dans un bon texte, il y a pourtant, parfois, pour de bons élèves, une ou plusieurs phrases qui prêtent au contre-sens? — Nous répondons par cette réponse un peu trop claire : Un bon élève n'a pas dû improviser ses études; il a donc acquis l'habitude de *deviner* les sens douteux, s'il n'a pas pris l'habitude de les *trouver* dans le dictionnaire, ou, ce qui est pire, dans une traduction.

— Par impossible l'idée est restée rebelle, insaisissable, absurde! N'écrivez jamais une absurdité; mettez dans votre traduction un sens logique ou laissez un blanc dans la copie. En la relisant, vous verrez que soudain ce sens absurde, ce non-sens va se transformer en une fort claire et naïve vérité; l'évidence sera si évidente, que l'on ne comprendra plus comment on avait fait pour ne pas comprendre. C'est qu'on a contracté l'habitude de consulter la logique et non les oracles clandestins, la copie du voisin, la traduction prohibée. Avec ces secours-là, après dix années d'ennuis ou six mois de préparations, l'on peut se tenir prêt et préparé à échouer indéfiniment.

— Voyons le résultat contraire obtenu par de sérieuses études. Ces mots : *Non illi fama ducis*, s'appliquent à César : vous n'avez pas consenti à dire : « César n'avait pas une réputation de général. » En vain le texte fort clair vous le dit; votre bon sens proteste : quoi ! au moment de faire la guerre contre Pompée, César n'avait pas la réputation d'être un général, un général quelconque? C'est un non-sens ! — Réfléchissez et vous trouvez ceci : Lucain, par haine contre César, lui dénie peut-être les talents même d'un général ? — Mais, puisqu'il vainquit Pompée, la haine serait bien maladroite; Lucain ne ferait pas grand honneur au vaincu qui semble pourtant son héros. Vous approchez : qu'avait vaincu Pompée? tout l'Orient; et César? rien que les Gaules. Vous y êtes. Il y a dans cette malheureuse phrase *tanta* à répéter, vu qu'il y a *tantum* dans la première. Voyez la belle découverte ! la grande difficulté ! Le général qui n'avait vaincu que la Gaule ne devait pas avoir une si grande renommée de capitaine que celui qui avait vaincu tout l'Orient. — Traduisez : Ce chef est moins fameux.

— Nous avons étudié la phrase indépendante. La proposition *principale* suppose une proposition *secondaire* : l'une et l'autre se traduisent par les procédés indiqués, comme la proposition indépendante. Mais la principale est plus difficile à traduire, et d'abord à trouver, à reconstruire : 1° elle est ordinairement *précédée* de l'explicative, subordonnée ou non; 2° elle peut être *suivie* d'une explicative; 3° elle peut en *contenir* une qui devient alors *incidente ;* 4° de plus, il y a peut-être çà et là des *incises* ou *appositions*.

—Avant donc que d'essayer de traduire, besoin est de *distinguer* la proposition principale de toute autre, de la retrouver dans ses fragments, de la dégager de tout ce qui n'est pas elle; puis, opérez de même sur les explicatives qui, elles aussi, sont parfois coupées diversement :

—Une *apposition* ou *incise* n'est qu'une sorte de parenthèse, une définition sans verbe à un temps conjugué, un substantif joint à un participe, et devenant en latin ou sujet ou régime ou absolu. Voici deux exemples :

Prêtres, *flambeaux de nos conseils*, soldats, *défenseurs de l'État!* la ville *étant prise*, fut livrée au pillage ; l'ennemi *la* pilla, l'ennemi s'en alla : *flambeaux..., défenseurs... étant prise...* sont des appositions, lesquelles, comme des adjectifs et des adverbes, viennent compléter le sens de la phrase, ou de la partie de phrase dans laquelle elles tombent, mais ne sont pas des propositions. L'*incidente*, au contraire, est une proposition nécessairement explicative, mais qui est ou n'est pas subordonnée, comme cela a déjà été établi.

— Une figure va rendre évident cet ordre successif des idées.

Supposons que $1 =$ proposition principale, $2 =$ proposition explicative, $3 =$ proposition incidente, $4 =$ apposition. Maintenant qu'on ait une incidente après le sujet, ou après le sujet et le verbe de la proposition principale; *devant* le premier mot et *après* le dernier de cette incidente se met une virgule : voilà l'incidente isolée, distincte, de plus elle est terminée avant la proposition principale. Ce qui donne en chiffres $1+3+1'$—« 1—In omni Gallia eorum hominum, — 3 qui aliquo sunt numero atque honore, — $1'$ genera sunt duo. » Cæsar : *De bell. gall.*, 13.

—Supposons qu'il y ait une explicative avant *ou* après, avant *et* après la principale; on a cet ordre : $2+1+3+1'+2$.

—Que la proposition explicative soit placée après le commencement de la principale, et reçoive dans son sein une *incidente*, on a cet ordre de phrases : $1+2+3+2'+1'$. Cette construction est fort commune. C'est-à-dire, que la principale, commencée la première, ne sera terminée qu'après les autres; que l'explicative, venant ensuite, commencée également, sera interrompue par une incidente, laquelle sera toute d'une pièce; puis viendra la fin de l'explicative, enfin la conclusion de la phrase principale :

il y a donc 4 virgules et 1 point pour cette phrase composée de trois propositions.

— Rien n'empêche que l'une ou plusieurs de ces propositions aient une apposition ; la forme de la phrase est alors celle-ci :
1, 2, 4, 2′, 3, 4′, 3′, 1′. Voilà 7 virgules et 1 point encore pour 3 propositions.

— Il n'est pas surprenant que la phrase commence par 2, 3, 4, 5 explicatives, coupées ou non par des incidentes ayant elles-mêmes des parenthèses ou des appositions : il est inutile de tracer ici de nouvelles figures, mais il est fort utile de s'exercer à désigner par leur nom et même à noter à l'aide d'un chiffre la valeur de chaque proposition : ceci est un exercice de logique qui donne, pour l'intelligence du texte, une grande facilité. On arrive ainsi, sûr de soi, à l'épreuve de la version.

— Outre le sens, qui fait distinguer les propositions quant à la valeur, il y a des moyens matériels qui frappent les yeux.

— L'explicative est, en latin, presque toujours, avant la proposition principale ; l'explicative commence par *qui, quæ, quod* aux divers cas ; alors elle est *explicative d'un substantif*; elle commence par *quantus, i, o, um, qualis, e*, etc., et alors, elle a une *corrélative* commençant par *tantus, talis, is*, à un des 6 cas, et cette corrélative est la *principale ;* elle commence par une *conjonction*, un adverbe de *temps* ou de *lieu ;* et alors, elle est explicative d'une *proposition entière*, du verbe au moins et non plus seulement du nom substantif. Cela posé, il vous est facile de numéroter une série de phrases, et de bien voir la valeur essentiellement différente des deux explicatives, l'une d'un mot, l'autre d'un sens : dans l'exemple cité de César, *qui* commençait une double explicative de ces mots, *eorum hominum.* Dans la phrase qui suit : « 1 *plerique,* 3 *quum* aut ære alieno, 3′ aut magnitudine tributorum, 3″ aut injuria potentiorum premuntur, 1′ sese in servitutem dicant nobilibus : — voilà une proposition principale 1 *plerique* terminée par 1′ *sese,* et trois incidentes, 3 *quum,* 3′ *aut,* 3″ *aut* qui sont explicatives d'un sens entier : l'une ou plusieurs de ces trois raisons indiquées déterminent les Gaulois à se donner en servage aux nobles. — Mais dans la phrase qui suit : « 1. — In hos eadem omnia sunt jura, — 2. *Quæ* dominis in servos, » l'explicative n'est plus incidente, et elle ne sert plus qu'à expliquer la nature de ces droits — *jura* : « 1. Ils ont sur eux tous les droits 2. *que* les maîtres ont sur les esclaves. »

2

— Nous faisons un retour sur ce qui a été dit au sujet du pronom *qui, quæ, quod*, des conjonctions et des adverbes de lieu : ce n'est qu'en général qu'ils indiquent une nouvelle proposition, une proposition explicative. Voici les exceptions.

— *Quis, quæ, quid interrogatif* commence une phrase qui semble principale, aussi bien que quotus, quantus, qualis interrogatif ou exclamatif : = Quota hora est ? quelle heure est-il ? Qualis facies ! quelle figure ! — Il est vrai que la logique prouverait qu'il y a ellipse.

— *Cui, quem, quos* n'est souvent qu'un lien entre deux phrases, et tient lieu de *ei, eum, eos :* donc, si l'un de ces pronoms relatifs est suivi de *qui, quæ, quod*, l'un de ceux-ci indique seul qu'une nouvelle proposition recommence : « *Cui qui se dederit :* » Cic. : celui qui se sera adonné à *laquelle* (à la philosophie), la phrase reste seulement explicative et subordonnée, et signifie : « Qui s'y est livré. »

— En vertu de l'usage, quelques conjonctions marchent deux par deux, et font partie d'une seule et même proposition. Sans doute, au fond, il y a deux propositions que la logique retrouverait, comme elle retrouve une proposition complète représentée par une seule interjection ; *heu ! hélas !* = Je dis hélas dans mon malheur. Ainsi : *nisi* peut valoir *si non* ; *sin* = *si ne* ; *quin* peut valoir *qui ne* ou *ne qui* ; *quod si* ne vaut que *si* et se traduit par *si* ou *que si* plus affirmatif que *si*. — « *Quod si dicat* := que s'il vient à dire. » — Il n'y a point deux propositions : il n'y en a qu'une, laquelle est toujours explicative.

— Quand *ubi, quando* sont interrogatifs, la proposition passe pour principale et non pas pour être explicative : *ubi est ? quando veniet ?* où est-il ? quand viendra-t-il ? — Il y a ellipse. Quand l'adverbe de temps ou de lieu *après* un verbe, est suivi d'un autre verbe exprimé ou sous-entendu, parfois il commence une nouvelle proposition. Quoique seul, il suppose un verbe et représente une proposition elliptique. (Quid ? Cur ? Quorsum !) —

— Notez enfin que les adverbes de lieu, ainsi que *Ex quo*, remplacent les adverbes de temps.

— La ponctuation est fort importante : une virgule transposée, omise, changée en point et virgule produit un contre-sens. Rien n'est plus capricieux ou arbitraire que la ponctuation ? C'est là une grave erreur ; ponctuer à sa guise ! autant vaudrait presque orthographier, chacun, à sa façon : or, Voltaire, après uu demi-siècle de succès, n'a pu faire écrire les mots comme ils se prononcent. Cette fantaisie eût ruiné la langue. Le libre arbitre en fait de ponctuation ruinerait la logique. Ceci est fort grave. Un point simple ou d'interrogation ? indique un sens complet ; le point d'exclamation ! aussi, pourvu toutefois que celui-ci ne soit pas placé après une interjection : quoi ! ciel ! etc., car alors la phrase est tellement elliptique qu'elle n'est pas comptée.—; et : indiquent que le sens est terminé ; que la phrase est complète, sans doute ; mais, qu'elle dépend d'un sens plus général, dont elle fait partie, et, ici, il y a deux observations à faire : 1° placés devant *et*, le signe complexe point et virgule ; se change en , comme dans cette phrase même : — fait partie, et,— 2° le signe complexe, deux points : indique que le sens qui suit est l'explication de ce qui précède ; ainsi deux points signifient, c'est-à-dire. De là il suit que si la 1re proposition a été comprise, la seconde va l'être ; que si la 2e est fort claire, elle éclaircit la 1re qui serait restée douteuse, obscure, vue à moitié. Voilà un secours matériel fourni à la logique, une corrélation d'idées que les yeux saisissent. Il suffit d'ouvrir un classique, pour en rester convaincu.

— Quelle que soit la sévérité apportée dans la judicieuse impression des textes, il faut avouer que les deux points se mettent souvent en latin avec le sens de ; notez qu'alors ils sont répétés plusieurs fois, et non mis une seule fois : dans une description, une énumération, prenez donc toute phrase terminée par deux points, dans le sens d'une phrase complète en soi, mais faisant partie d'un tout. Virgile et Sénèque ont surtout reçu cette ponctuation qui nous semble fautive. — Tacite, au contraire, a été coupé, trop souvent, en petites phrases terminées par le point mis pour le point et virgule.

— La virgule sépare les membres d'une même phrase, ou les parties des phrases qui se sont mêlées, comme il a été dit : la principale étant coupée par une incidente, par une apposition, ou étant suivie d'une ou de plusieurs explicatives : il suffit d'ouvrir un livre et de faire un peu attention.

— La virgule est ordinairement supprimée devant *et, qui, que, quand, lorsque*, et les adverbes de lieu, parce qu'il est suffisamment clair que la proposition est coupée, puisque tous ces mots indiquent qu'une proposition recommence. Donc il y a deux propositions ; *et* se rapportant à la principale, *quand, lorsque*, etc., à la secondaire. — Toutefois *et* peut aussi lier la secondaire d'une manière explétive : Néron était cruel, *et quand* il haïssait, *et quand* il aimait.

— Si *que, qui, dont, quand*, etc., sont suivis d'une virgule, c'est que, avant de continuer la proposition qu'ils commençaient, un autre sens incident est commencé soudain. Ce tour est fréquent en latin : alors il y a le sens principal commencé, l'explicative commencée, et une incidente, — : 1 Cæsar, 3 qui, 4 cum vidisset.

Les conjonctions *et, ou,* en latin *et, aut, vel* et leurs remplaçants *que, ve* indiquent, de même, qu'une proposition recommence; les 3 premières, ainsi que *nec* mis pour *et ne* ou *non*, se mettent comme premier mot de cette proposition nouvelle, et *que, ve* sont mis après le premier mot : dites *pater et filius*, ou bien *pater filiusque*.

— Ici deux remarques. Si l'on dit pater et filius, le verbe sera au pluriel : — Pater et filius mortui sunt : le père et le fils sont morts; — mais si l'on met pater filiusque et qu'on ajoute *mortuus est*, ne se rapportant qu'au dernier substantif, cette phrase est elliptique et équivaut à pater *mortuus est* et *filius mortuus est;* il y a donc deux propositions, tandis qu'avec *pater et filius mortui sunt*, il n'y a qu'une proposition complexe.

— Quand la phrase est complexe, il y a deux ou plusieurs sujets, deux ou plusieurs verbes, deux ou plusieurs régimes *du même degré,* réunis par *et* ou séparés par *aut,* par *que, ve.* De fait, il y a là l'équivalent de plusieurs propositions, mais la phrase est dite complexe et n'est regardée que comme une seule. D'où il suit que, si le mot qui précède *que, ve, et, aut*, est de même espèce que le mot qui le suit, les deux substantifs, les deux verbes, les deux adjectifs seront au même cas, au même temps. *Et* souvent n'est pas exprimé.

— Il est une autre conséquence fort importante : c'est que si deux phrases sont réunies par *et, que, ve, aut*, elles sont *toutes deux du même degré* : si la 1re est principale, la 2e est principale aussi; si la 1re est explicative, la 2e est explicative. Ceci jette une grande lumière sur la succession des propositions, et fait retrouver les deux bouts de la pensée principale souvent coupée par plusieurs pensées explicatives.

— Il y a plus : si la 1re phrase est gouvernée ou plutôt modifiée par une conjonction ou même par un adverbe, cet adverbe où cette conjonction est sous-entendue dans la phrase commençant par *et, que*, etc.

— Il en est de même de l'adjectif, du modificatif, du verbe qui est sous-entendu dans la 2e, étant exprimé dans la 1re, ou exprimé dans la 2e et sous-entendu dans le 1re. — La négation elle-même, exprimée d'abord, est sous-entendue ensuite. De là il résulte que la phrase commençant par *aut*; par exemple, loin d'être affirmative en latin est négative : ce tour est fréquent dans Lucain. La logique doit mettre en garde ici contre les mots, d'autant plus qu'en français jamais cette phrase : *il ne dit rien et il réfléchit*, ne signifierait : il ne dit rien et ne songe à rien. C'est donc uniquement la synthèse qui fait voir que le verbe, la négation, le sujet ou le régime, une fois exprimé, est à reproduire dans la proposition devenue elliptique.

— La logique encore fait seule trouver ce sens général qui résulte d'une suite de phrases; chacune d'elles avait un sens, c'est vrai; mais un simple mot, *et*, *sed*, *nam*, vient donner une force nouvelle à l'une des propositions.

— Quand César a dit : — *genera sunt duo* : il ajoute NAM *plebs pene servorum habetur loco, quæ per se nihil audet et nulli adhibetur concilio*. On comprend que si la foule est presque au rang des esclaves, n'ayant aucune initiative, aucune influence nulle part, il y a une bien plus grande distance entre elle et les deux ordres supérieurs.

— Concluons : qu'un grand nombre de phrases sont tronquées, et que, pour les comprendre, il faut rétablir les mots que l'ellipse a supprimés, et qu'il doit être accordé une grande attention aux conjonctions, aux adverbes, aux particules, qui sont au discours ce que les nerfs sont au corps animé.

— Nous avons déjà vu que des propositions trop claires peuvent fort bien être supprimées entièrement. Retrouvez-les à l'aide de la réponse ou de la question exprimée : vous aurez, alors, la suite du raisonnement, et les phrases obscures deviendront claires étant mieux enchaînées.

— Nous supposons que la logique et les procédés qu'elle emploie sont choses connues de tout candidat au grade de bachelier : toutefois rappelons que le terme de comparaison, quoique plus brillant que le sujet lui-même, n'est là qu'à cause de ce sujet: par conséquent que, dans *l'induction*, ce n'est point ce terme de comparaison qui doit captiver l'attention principale du traducteur. Dans le raisonnement par *déduction*, ce n'est point, non plus, la *majeure* qui a le sens le plus étendu, que doit considérer le traducteur : il doit, ici et là, s'attacher à *saisir le rapport*, soit direct, soit inverse, qui unit la question *spéciale,* seule importante, à ce terme qui sert de base : il est là comme un appui, comme un terrain sur lequel on va bâtir : le monument à élever, c'est la question même, c'est l'objet de toute l'argumentation.

— La *conséquence* est le point de vue à bien saisir surtout ; c'est le résultat dont tout le reste est la preuve. Seulement, quand on raisonne par *hypothèse*, c'est parfois à cette hypothèse que l'on remonte à l'aide des conséquences : on remonte depuis la dernière jusqu'à cette donnée première, qui a servi de point de départ et qui alors est le but véritable non avoué d'abord. — L'*autorité* tient lieu de *majeure* dans les sujets religieux, ou tirés du droit, de la croyance, des usages et des mœurs des nations : vous n'êtes pas forcé de croire ce que croyaient les Grecs ou les Romains ; adoptez leur foi comme une hypothèse.

— La *physionomie* de la phrase latine exige d'autres remarques spéciales. Comme la proposition incidente se termine avant la proposition principale, et que le verbe se met en latin à peu près régulièrement à la fin de la proposition, il s'ensuit qu'il y a souvent deux verbes, et même trois, séparés par des virgules, devant le point final. La question à se poser est celle-ci : à quelle proposition appartient tel, puis tel verbe ? Le 1er à partir du point conclut la principale, commencée depuis longtemps ; le 2e appartient à la première proposition incidente, et le 3e est celui de la 2e proposition incidente qui est venue couper la 1re incidente.
— La lecture des classiques le prouvera.

— Quand un verbe est à l'infinitif, il est : 1° ou régime direct avec son sujet mis à l'accusatif ; 2° ou bien, si le sujet est resté au nominatif, le verbe a été mis, dans une narration, pour l'imparfait de l'indicatif ; 3° quand enfin l'infinitif est sans sujet, c'est que lui-même il est sujet de la proposition. Ainsi :

1° — Credo *Deum esse* omnipotentem ; je crois que Dieu est... ou je crois en un Dieu tout-puissant.

— 2° — *Illi* trahere vulneratos, vocare integros. Eux, d'entraîner les blessés, d'appeler les intacts = ils entraînaient, ils appelaient.

3° — Turpe est *mentiri*, mentir est chose honteuse.

— La poésie semble avoir des licences qui redoublent les difficultés soit de l'interprétation, soit de la traduction finale, dite français correct. Ces difficultés ne sont qu'apparentes. On est embarrassé, parce qu'on n'a pas su généraliser les règles de la grammaire. Le point de vue reste celui de la logique ; mais, 1° de la raison ou de ses contraires, le paralogisme et le sophisme ; 2° de la passion et de ses stimulants, l'imagination et la foi.

— On a été façonné à croire sérieusement que les *prépositions* gouvernent des cas, que les *conjonctions* gouvernent l'indicatif ou le subjonctif. Il n'en est rien (1). Prépositions et conjonctions ne font que lier et confirmer les rapports: celles-là des mots entre eux, celles-ci des propositions entre elles. Or, si la tendance d'une action se marque par l'accusatif, le complément d'une action par l'ablatif, il n'est besoin ni de *ad* ou *in*, ni de *a*, *ab*, *e*, *ex*. De là les suppressions des prépositions en vers. De plus, aller vers ou dans un lieu, c'est lui ajouter, lui donner : pourquoi ne mettrait-on pas le datif : *it clamor cœlo*, le cri va au ciel, ou l'accusatif *reditus domum:* Cic. : le retour à la maison ?

— Quand la logique dit qu'une action est subordonnée à une autre, ou à une volonté, n'est-il pas évident que la *subordonnée* doit être *au subjonctif ?* Donc elle s'y met toujours en latin, quelle que soit la conjonction ou le mot qui sert à lier, tel que *qui*, *quo ;* mais quand il n'y a pas de subordination, quelle conjonction subordonnerait ce que la logique ne subordonne pas ? Aucune. Serait-il une exception, par hasard, en faveur de *cum* devant un imparfait et un plus-que-parfait ? Cicéron répond : — Cum Africanus *erat* domi suæ, occisus est. Quand ou comme l'Africain était dans sa maison, il fut tué. — Fut-il tué précisément parce qu'il était dans sa maison ? Non : car il y était venu ; il y avait couché plus d'une fois sans être tué. — Voilà une phrase de la milonienne où l'auteur latin aurait fait, selon certaines grammaires modernes un solécisme, sans compter le *suæ*. Mais parfois l'indicatif et le subjonctif sont tour à tour après la même conjonction : c'est que la subordination a lieu là et n'a pas lieu ici. Sénèque et Cicéron, et comme eux Horace et Virgile, apparemment ont mieux aimé se conformer à l'exigence de la logique qu'aux prescriptions de nos grammaires.—La syntaxe des prépositions et la syntaxe des conjonctions se trouvent, il est vrai, supprimées,

(1) Une *Grammaire logique*, appliquée à la version, la démontrera. Ouvrage sous presse.

aussi bien que... le *que retranché* et autres naïvetés fort difficiles à apprendre et fort inutiles dans la pratique.

— Quand deux actions sont futures, l'une des deux est parfois antérieure à l'autre : en ce cas, lors même qu'en français, il y aurait deux verbes au présent de l'indicatif, le latin mettra l'un des deux verbes au futur antérieur.

— Souvent en français on met un présent de l'indicatif pour un futur :—Je pars demain.—Si vous dites cela, je réponds, ou je répondrai. Plus logique, le latin met le futur de l'indicatif : *cras proficiscar* ou le présent du subjonctif : *quod si dicas*, ou enfin les deux futurs.

— Une erreur grave serait de croire que le subjonctif n'exprime que la subordination ; en latin, il n'y a pas d'optatif, pas de dubitatif, pas de conditionnel, pas d'interrogatif : toutes les fois donc qu'il y a un doute, un vif désir, une condition, un certain vague dans la pensée, c'est encore le subjonctif qui est employé.

— Beaucoup d'autres remarques secondaires ont frappé les yeux de l'élève qui a pris la bonne habitude de faire le littéral avant le français, soit pour la version soit pour l'explication.

La raison et le bon sens ne suffisent nullement au traducteur, à l'élève même qui ne fait qu'une version. Retenez ceci :

—La passion a sa logique que la passion seule peut comprendre : l'amour se change en haine, l'admiration en dérision, en dégoût, le désespoir, en douce mélancolie, l'épouvante de la lutte, en souvenir aimé.—Voilà des passions qui ont, chacune, un *langage différent*, et voilà des *nuances* entre ces transformations. Parfois deux passions contradictoires règnent, tour à tour sans doute, mais presque simultanément dans la même âme : le remords et la passion inspirent les phrases les plus contradictoires à la suite les unes les autres : l'amour et la colère, le dédain et la peur, l'orgueil et la faiblesse confondront leurs accents : voyez le théâtre antique ou moderne. Ne pas savoir cela, c'est être dans l'impossibilité de comprendre, dans l'impossibilité de traduire, même le littéral : les mots ne donneront que le sujet mort; le littéral obtenu, s'il s'obtient, ne donnera jamais le lit, le fond à la traduction correcte, exacte. Il faut sentir, il faut deviner : il y a dans ce texte, croyez-le, ce que le texte, phrases et mots, ne traduit pas ? — Quoi donc ? — Il y a l'émotion intime, secrète, personnelle, la poésie enfin, la poésie que l'âme devine et que les langues humaines ne rendent point palpable, mais qu'elles contiennent pourtant, comme un parfum dont on jouit et que les yeux ne peuvent surprendre. Chaleur oratoire, enthousiasme ou mélancolie poétique, harmonie ou mélodie latente, voilà ce qui est sous les mots du texte. Nous touchons aux difficultés de la traduction correcte et complète, du français, à la version ou explication exigée.

2° TRADUIRE.

— L'analyse avait fait traduire chaque mot, la synthèse avait lié les phrases : le littéral est déjà obtenu, exact, complet. Il reste à traduire le tout en français. La moitié du travail, et la plus importante, reste à faire. S'arrêter à ce littéral et le copier comme version faite, c'est prétendre à parler latin en français ; c'est nier le génie de notre langue ; c'est vouloir lui en substituer un qui est étranger, qui est ancien, qui est mort, ou plutôt, c'est avouer qu'on n'a pas compris, puisqu'on ne peut pas dire en français, dans sa langue maternelle, ce qui était à traduire, et que l'on n'a compris ni la pensée ni la passion. Donc, soyez bien convaincu de ceci : *on ne vous tiendra pas compte d'un littéral même exact*, si ce n'est pour vous engager à apprendre, pour le prochain examen, à parler et à écrire en français.

— Comment traduire en français ?

— 1° Il faut tout traduire.

— 2° Traduire dans l'ordre du latin, dans l'ordre des mots et des phrases.

— 3° Traduire avec l'intention et le sentiment qu'a eus l'auteur original. On donne ainsi une traduction vraie ; l'ordre et le mouvement, et par conséquent le *style* de l'écrivain. — Ceci est exigé également pour la traduction orale.

— Les *interprètes* seuls sont dispensés de mettre l'animation et même le style de celui qu'ils sont chargés de représenter : pourvu qu'ils reproduisent le sens, il est probable que, pour prévenir des susceptibilités, des éclats peu favorables à la question traitée, ils suppriment, parfois, précisément le mouvement et l'animation, et peut-être certaines images. La traduction classique, au contraire, doit *tout traduire*. Comment faire ?

— 1° Et d'abord le littéral a pu fournir, pour *un* mot latin, deux, trois, quatre mots : le français n'en veut qu'*un*, rarement deux : ainsi 4, 6, 8 mots latins ne seront pas plus traduits par 8, 12, 16 mots français, que cinq pièces de 20 francs en or n'auraient leur équivalent dans un sac plein de 10,000 centimes en cuivre. L'échange serait ridicule, et la traduction..... Traduisez 3 mots par 4 au plus, 6 par 7, 10 ou 11 par 12. — Nous indiquerons la manière.

— La *concision* a été obtenue, n'allez point par un excès qui prouverait l'inintelligence, essayer de rendre votre traduction plus brève que la leçon elle-même : à coup sûr l'auteur a eu son intention en mettant *interea*, *nihilominus*, *cependant*, *néanmoins*, *nonobstant;* sans doute *puis, et, mais* sont plus courts; vous n'avez plus la nuance. Si Tacite met : *utrumque avum, paternum atque maternum, habuit procuratores Cæsarum,* — Vie d'Agric. ; — ne traduisez point par : *ses aïeuls furent procurateurs des César*, sous prétexte que aïeuls signifie l'aïeul paternel et l'aïeul maternel. Vous aviez gagné sur Tacite 3 mots, mais la clarté avait perdu beaucoup, et aviez-vous compris l'orgueil du patricien, du sénateur qui, des deux côtés, a même noblesse?

— La *ponctuation*, qui a dû être fidèlement reproduite dans le littéral, sera modifiée parfois dans le français : les deux points ne se mettront pas après les propositions successives qui font partie d'un tout, on met ; — devant *qui, quæ, quod, quando*, dans les bonnes éditions latines on met une virgule, tandis qu'en français on n'en met pas; d'où il suit qu'une proposition explicative se termine là par , ou ; avant que le verbe ou le complément de la proposition principale soit exprimé. Quelquefois le signe de l'interrogation se met après le mot qui est surtout interrogatif, et la phrase se termine par un point ordinaire. Si vous mettez le point d'exclamation après Eh ! — Quoi ! Eh, mais ! ce point n'est pas reproduit à la fin de la phrase; il y a ? ou .

— Les *phrases* des deux langues ne se construisent point de la même manière : tantôt deux propositions françaises n'en font qu'une en latin ; — 1 je pense — 2 qu'il est déjà arrivé ! — *Credo illum jam advenisse.* — Tantôt il y a deux propositions en latin, il n'y en a qu'une en français. En général, vous faites deux phrases s'il vous plaît d'insister sur chacune des idées.

— Souvent *les participes* font en français comme une proposition incidente ou du moins une apposition : en latin c'est là un simple adjectif qui s'accorde avec le substantif : la ville *ayant été prise*, l'ennemi *la* pilla ! = littéral : *pilla ville prise : urbem captam hostis diripuit.*

— Seulement quand le participe n'est en latin ni sujet ni régime, il ressemble alors, avec son substantif, à une proposition incidente ou explicative, comme en français dans l'exemple cité.

— Nous avons des tours languissants qui servent peut-être à faire remarquer un sens sur lequel on insiste : tels sont *après avoir*, *ayant été*, après que la chose eut été examinée, sans que l'affaire eût été terminée ; le latin est bien plus bref : *Nota re*, *postquam*, etc., *infecta re*. Rarement usez de ces phrases à queue, à moins qu'elles ne soient de mode.

— Nous n'avons pas la même manière de voir quant aux modes, ni même quant aux temps des verbes. Nous mettons deux présents pour deux futurs dont l'un est antérieur : si vous dites, je réponds. — Le latin dit : *si vous aurez dit, je répondrai*, si dixeris, fatebor, ou j'avouerai ce que vous aurez déclaré.

— Après *si* et les conjonctions qui expriment le doute ou la subordination, la logique dit de mettre le subjonctif ou le conditionnel, puisque nous avons le conditionnel et le subjonctif : or nous mettons *l'indicatif* présent ou *l'imparfait* : *si j'étais*, si vous *disiez*, au lieu de : *si je serais*, si vous *dissiez* ; le latin dira : si essem, *si diceres*, et ; *quod si dicas*, si la nuance veut un sens indéterminé quant au temps et non une condition précise.

— Parfois nous avons plus de logique que le latin : on ne sait si une chose *se fera*, on ne sait ce que *c'est* : le subjonctif serait le temps exigé ; le voici : quoi qu'il en *soit*. En latin : quidquid id *est*. Quelque grand qu'*il soit* = *quantuscumque est* et non *sit*.

— Nous avons quelquefois la logique et le défaut de logique dans deux propositions qui se suivent et qui sont identiques : si vous *dites* et si vous *faites*, les deux verbes sont au présent de l'indicatif : certes, s'il plaît de remplacer le second *si* par *que*, le mot *que*, tenant lieu de *si*, devrait être suivi encore de l'indicatif ; nous disons : si vous dites une chose et que vous en *fassiez* une autre : *fassiez* à la deuxième personne du présent du subjonctif ! le latin dira : *si dicas ac facias* au subjonctif.

— Les tours ne sont pas les mêmes : en latin, les causes, les effets, les motifs, les circonstances, les temps, les lieux et la plupart des termes abstraits désignant les causes, les principes, se mettent *à l'ablatif*. Au contraire en français, tout cela devient *sujet* du verbe, au lieu d'être considéré comme complément de la proposition : votre sagesse a fait cela, *sapientiâ tuâ fecisti*.

— Il y a les tours propres à chaque langue, les *idiotismes*, qui ne peuvent se traduire que par des *équivalents*. Souvent le tour français n'est pas clair, même pour des Français : qu'y a-t-il d'étonnant que l'idiotisme latin, le littéral, ne donne pas ici le sens? Il faut le deviner en vertu de certaines analogies, à l'aide des allusions connues, des croyances, des usages; puis, le sens deviné, il faut, autant que possible, le traduire par un idiotisme correspondant : *Incendunt clamoribus urbem* = ils incendient la ville *de leurs cris* se laisse deviner : leurs cris font l'effet que produiraient ces mots : au feu! au feu! *Ils remplissent* la ville de leurs clameurs est moins expressif. — Vive le chef, *quand même*, est fort bien compris par les partisans de ce chef, mais fort peu par les non initiés. *Naso suspendis adunco, tu suspends à ton nez crochu* a un sens ridicule : *tu suspends d'un nez crochu* est fort peu clair : *regarder du haut de l'épaule* est peut-être l'idiotisme correspondant. — L'exactitude, quant aux idiotismes, consiste dans l'analogie.

— Ce n'est pas tout : le littéral n'a donné qu'un sens douteux, même après réflexion, et l'entrainement de la langue maternelle fait qu'on met un sens, qui certes n'est pas un non-sens, qui est une chose bien dite, bien sentie et fort logique. Vous n'avez rien qu'à effacer cette belle phrase : car elle n'a pas de phrase correspondante dans le texte que vous avez pour devoir de traduire. Pour traduire et comprendre, consultez..... l'archéologie ! — Hélas ! oui. — Vous n'êtes pas encore de l'Institut, et cependant, pour traduire, il vous faut être, jusqu'à un certain point, archéologue. Pour cela faire, vous avez dû, depuis longtemps, *lire* et lire beaucoup de *notes* dans les bonnes éditions classiques et lire les *traités* spéciaux. C'est par là que vous êtes faible, si vous ne comprenez pas. Tantôt c'est le mot, tantôt c'est la phrase, l'idée entière que vous saisissez mal : *l'atrium* n'est point le *vestibule*, c'est une cour intérieure ; *templum* n'est pas toujours le *temple*, c'est aussi *l'espace du ciel* servant aux aruspices ; le *bustum* n'est jamais le *mausolée*, le monument funèbre, c'est le bûcher où est brûlé le corps, ou l'emplacement ; *apud prætorem* peut se traduire *au tribunal* du préteur ; mais *apud me* signifie *sous mon arbitrage*, s'il s'agit d'un arbitre, délégué du préteur, mais n'ayant pas de tribune ni de tribunal. — Voyons des phrases :

— Ne... quam in Campo Martis, *sede destinata*, cremari vellent. Tacite. Ann., Liv. 1. Quel est ce lieu destiné, désigné, ordinaire? La logique dit : le lieu ordinaire où le corps d'un grand doit être brûlé et non pas le lieu de la *sépulture*. Connaissez non pas seulement quelque chose des lois, des mœurs et des croyances, mais encore faites attention aux habitudes locales que détermine le climat. Si vous avez une phrase telle que celle-ci : Multi greges ovium, multa ibi equorum boumque armenta, quæ, montibus hieme depulsa, herbis et tepore verno nitescent. Pline. Où voyez-vous là, le littéral étant fait, rien qui prête à cette traduction : « Dès que l'hiver a quitté leurs montagnes, ils viennent, ramenés par la douce température du printemps, s'engraisser dans les pâturages. » — Les troupeaux retourneraient ainsi sur les montagnes ? — Ils *descendent* dans le pays plat, dans la plaine ou les vallons. Il s'agirait du retour du printemps ? — Il s'agit de *l'hiver*. Voilà, dans une phrase qui semble fort logique, deux contre-sens, ou si l'on veut, deux inadvertances, car la plume était exercée, habile et savante. — Sachez ceci : l'émigration des troupeaux des Apennins a lieu dès que l'hiver vient sur les montagnes, (et non les quitte) et ces troupeaux, même aujourd'hui, retrouvent après les pluies d'octobre, dans les campagnes de Rome, une verdure nouvelle, *herbis*, une tiédeur de printemps, *tepore verno*, qui leur rendront cet embonpoint et ce brillant, — *nitescent* au futur — qu'ils avaient un peu perdus dans les derniers jours sur les montagnes. C'est compris, il ne reste qu'à traduire.

— 2° Traduire *dans l'ordre des mots et des phrases* est une condition difficile à remplir et pourtant qu'il faut remplir. Ce qui donne au style le cachet de l'originalité, c'est moins le fond que la forme : les pensées sont à peu près à tout le monde, mais l'ordre, mais l'animation, sont des moyens personnels : ils constituent le style. Or comment traduire un auteur, si l'on n'a traduit que la pensée, sans avoir égard au tour de sa pensée, sans se soucier de la valeur que les mots acquièrent par leur position, ni de l'importance des modifications qu'apportent les phrases incidentes ou explicatives, coupant, précédant, ou suivant le sens principal? Qui reconnaîtrait Tacite, Cicéron, Virgile, Horace, si un français uniforme, uniformément élégant et facile, leur prêtait à tous et à chacun le même caractère? Les phrases sont tellement construites que l'effet final dépend de tout ce qui précède.

— Il est toutefois une exception : quand le texte est tiré d'un auteur de la basse latinité, ou même d'un historien, d'un géographe, d'un naturaliste, d'un philosophe, lequel a voulu penser plutôt qu'écrire, donner des notions exactes plutôt que produire une œuvre littéraire, il est alors assez inutile de suivre scrupuleusement un ordre de mots et de phrases que le hasard plus que la réflexion a fait naître. — La version alors est affranchie d'une difficulté, c'est vrai, mais elle est dépourvue d'un avantage considérable, aux yeux de l'élève capable : Il ne peut faire voir qu'il sait traduire.

— Le secret de traduire dans l'ordre du texte, est d'abord *de vouloir* ainsi traduire : souvent on se contente d'un effort ; on a réussi pour une phrase, et, sans scrupule, on transpose ensuite les incidences, les explications, on se hâte de donner le résultat, c'est-à-dire le sens principal, sauf à le motiver après par les explicatives. Si l'auteur a, tout au contraire, voulu donner d'abord les motifs, pourquoi tentez-vous de substituer votre volonté à la sienne, votre jugement au sien ? — Vous avez raison de ranger ainsi les idées, d'accord ; mais dès lors donnez ces idées comme vôtres, et ne prétendez pas au titre de traducteur, à moins d'accepter le compliment de Byron : *Traduttore, traditore !* Traduire, c'est trahir : vous trahissez et ne traduisez pas !

— Avec la volonté viennent les facilités : procédez par équivalents : l'adjectif devient un adverbe, le substantif devient un verbe, les régimes deviennent les sujets, les sujets régimes, le passif est fait actif, l'actif passif. *Darium vicit Alexander.* Darius fut vaincu par Alexandre. Mais évitez la diffusion et la dureté des sons. *Darius le céda à Alexandre* serait intolérable.

— Parfois employez le tour *c'est* au commencement de la proposition ; *que* ajouté plus loin rétablira le régime direct par lequel la phrase latine commençait : — *Non vitam liberum,* sed mortis celeritatem pretio redimere cogebantur parentes. Cic. de Suppl. Ce n'était pas la vie de leurs enfants, mais une mort prompte qu'à prix d'or étaient forcés de racheter les parents. Ceci est bien dans l'ordre, mais c'est dur et pénible, puis, c'est incorrect : on dit racheter la vie ; mais il faudrait dire : *acheter* une prompte mort.

— Ne vous contentez jamais d'un premier essai : quelque heureux qu'il puisse vous sembler, il y a bien quelques mots à changer ou à transposer : ainsi le présent se met bien pour l'imparfait dans un exposé, dans une narration ; corrigez : « La vie des enfants,... non, c'est une prompte mort qu'achète, hélas !

l'or des parents. » — Ceci est mieux, étant plus énergique ; mais *mort* consonne avec *or ; prompte* est avant *mort*, tandis que *mortis* est avant *celeritatem*, et le mouvement *hélas !* quoique mis à la place qu'occupe *cogebantur* le traduit mal : donc effacez, et retraduisez : « La vie de leurs fils ?... (et non des enfants) Non ! c'est une mort prompte que viennent hélas ! acheter les parents. » — Vous approchez ; peut-être faudrait-il changer encore un, deux ou trois mots : *des fils... payer* leurs *pères.* — Vingt fois sur le métier remettez votre ouvrage !

— Les mots, *c'est, que, peut, voit, par, pour,* sont des liens puissants et presque inaperçus : placez-les à propos et surtout naturellement. Évitez la monotonie ! elle serait le résultat inévitable de la reproduction des mêmes tours. L'infinitif latin tient-il lieu d'imparfait ? Traduisez par l'imparfait, mais aussi par l'infinitif ; le discours indirect devient-il direct ? Suivez la progression, mais ne la prévenez pas. Tout était gouverné et mis à l'accusatif et à l'infinitif ; on traduit par *que* devant chaque phrase. C'est bien ! Supprimez pourtant tous ces *que ;* la phrase sera plus rapide. Comme *le, la, les, de l', que, ayant été, après avoir* et les conjonctions traînantes, et les adverbes incommensurables viennent allonger la phrase française ; essayez toujours, votre traduction faite, d'en retrancher deux ou trois mots, cinq ou six lettres : autant de gagné ! Le latin est si bref.

— La lecture des bons auteurs a dû enseigner les tours propres à l'une comme à l'autre langue. On n'improvise pas plus une bonne traduction, qu'on n'improvise l'art de bien traduire sa propre pensée. Qui cherche une recette aisée et prompte se trompe et veut être trompé.

— En effet : 3° Une traduction déjà exacte et française, faite dans l'ordre du texte, n'est point encore une traduction suffisante : il lui manque, probablement, deux qualités, toutes deux indispensables : une facilité que soutient la plus scrupuleuse exactitude, et la chaleur latente, l'animation même du sujet.

— 1. Il faut qu'on ne se doute pas, que c'est une traduction : Ce doit être coulant, concis ou abondant partout, comme le serait *l'expression spontanée* d'une pensée moderne : la naïveté et la simplicité antiques doivent seules être reproduites, en fait d'archaïsme de langage. Ainsi une traduction dans le style d'Amyot est fort estimée et mérite fort de l'être, mais par les professeurs et les savants, elle ne plaît pas du tout au public : Une métaphrase, chose si utile, est intolérable à la lecture pour les gens du monde, et tout à fait insuffisante aux épreuves du baccalauréat. Si donc il y a dans le texte des erreurs devenues évidentes, des invraisemblances palpables, des hypothèses impossibles, que vous importe? on ne vous les attribuera pas, puisque vous n'êtes que traducteur; et, si vous l'êtes, traduisez résolûment. Par exemple : Scipion est seul en cause et le *Songe* qu'il fait, peut, impunément pour vous, n'être qu'un tissu de rêveries, quant à la cosmographie et à la métaphysique même? Traduisez imperturbablement et avec la conviction de l'auteur. Souffrez que Cicéron se vante à tout propos et hors de propos, que Sénèque se joue sur les limites extrêmes du vrai, que Lucain, son neveu, coupe hardiment la parole à ses personnages, afin de déclamer à plaisir en son propre nom. Que vous importe, à vous?

— 2. Cette *fausse pudeur* qui fait corriger, atténuer, retrancher, étant mise de côté, il faut atteindre au comble de l'art chez le traducteur : l'art de *s'élever au niveau du génie* de l'écrivain original. Chaque écrivain, digne de ce nom, appose à son style un cachet qui est à lui, qui n'est qu'à lui seul. L'un a la concision, l'autre le nombre oratoire; celui-ci l'aisance légère, celui-là le charme d'une mélancolie rêveuse; on ne saurait trop le redire : Si Bossuet, Fléchier, Massillon parlent la même langue, ont la même religion et font également des oraisons funèbres, et que pourtant pas une phrase de l'un ne puisse être raisonnablement attribuée à l'autre; il est évident que pas un des écrivains de l'antiquité, rangés au nombre des classiques, ne peut manquer d'avoir un style à lui, à lui seul, une originalité distincte; or c'est précisément cette originalité qu'il faut reproduire à l'aide d'un style qui se rapproche le plus possible du style qui est à copier. Une traduction n'est une traduction qu'autant que l'auteur original, s'il s'entendait parler dans la langue du traducteur, sans hésitation se reconnaîtrait d'abord avec ses idées et les mots de ses idées et le tour de ses idées.

— Cela dit, faut-il en conclure que les poëtes devraient être traduits en vers? Oui, certes; mais nous réservons cette question qui est étrangère au problème : La Version.

APPLICATIONS.

— « Tant vaut l'œuvre, tant vaut le conseil, » dit un vieux proverbe. Essayons de prouver la justesse de nos aperçus, non par une application complète, c'est impossible, mais relative et suffisante : tout est dans tout fut le paralogisme d'une méthode aussi creuse que retentissante ; non-seulement dans une page, mais dans un volume entier, il peut très-bien se faire qu'on ne trouve pas un seul exemple à l'appui d'une règle importante, incontestable. Il y a plus : où la mémoire naturelle suffit, n'usez pas de la mnémotechnie ; où le bon sens fait comprendre, n'usez pas des secours de l'art dans la version.

— Ces réserves faites, nous étudions ce texte.

— 1° — 1. Sed, 3 ut extremum habeat aliquid oratio mea, et 1' ut 3' ego ante dicendi finem faciam, 2 quam vos me tam attente audiendi ; 1' concludam illud I de optimatibus, II eorumque principibus, III ac reipublicæ defensoribus : — 1° — 1. Vosque, *adolescentes*, 2 et, 2' qui nobiles estis, 1' ad majorum (*vestram*) vestrum imitationem excitabo ; 2 et, 2' qui ingenio et virtute nobilitatem potestis consequi, 1'' ad eam rationem, 3 in qua multi homines novi et honore et gloria floruerunt, 1''' cohortabor. — 1° — 1' hæc est una via, 3 mihi credite, 1'' et laudis, 1''' et dignitatis, 1'''' et honoris : a bonis viris, sapientibus et bene natura constitutis 1 laudari et diligi : nosse *descriptionem* civitatis, a majoribus nostris sapientissim(ae)e constitutam ; — qui, quum regum potestatem non tulissent, ita magistratus annuos creaverunt, ut consilium senatus reipublicæ (*pro*) præponerent sempiternum : — delegerentur autem in id consilium ex universo populo, aditusque in illum summum ordinem omnium civium industriæ ac virtuti *pateret* : — senatum reipublicæ custodem, præsidem, propugnatorem collocaverunt : — hujus ordinis auctoritate uti magistratus, et quasi ministros gravissimi consilii esse voluerunt : — senatum autem ipsum proximorum ordinum splendore confirmari : — plebis libertatem et commodo tueri atque augere voluerunt. — Hæc qui pro virili parte defendunt, optimates sunt (*cujus quumque*) cujuscumque sint ordinis ; — qui autem præcipue suis cervicibus tanta munia, atque rempublicam sustinent ; — ii semper habiti sunt optimatum principes, auctores, et conservatores civitatis. — Cic., pro P. Sext.

— Procédons par ordre : 1° *collationner*. *Vestram*, qui semblait s'accorder avec *imitationem*, devient *vestrum*; *sapientissimæ*, que je liais à *civitatis*, est adverbe ; *proponerent* ou *præponerent*, me dit-on, à volonté, mais *præ* me paraît plus clair ; *cujus quumque* n'est point *qui* au génitif, et *quumque* conjonction double = c'est *cujuscumque*, en un mot, génitif singulier de *quicumque*, *quiconque* ou *quelconque* : nous ne vérifierons plus une seconde fois.

— 2° *Mots à chercher*. — 1 dans le dictionnaire : *Ratio-nem*, ça signifie à peu près tout ce que l'on veut ! — *Præ* 2 et 3 *proponerent*, = proposer, mettre à la tête, etc. ; — 4 *Patere* = être ouvert. = 4 mots en 5 minutes ; mais j'aurais bien pu me dispenser de chercher 2, ou 3 de ces mots : je n'ai rien trouvé de neuf. — 2 trouvons dans le bon sens : — qu'est-ce que les 1 *optimat-es* : les grands ou les meilleurs, racine : *optimus*, très-bon ? — *Eorum* se rapporte à *optimatibus*; qu'est-ce, alors, que les 2 *princip-es*, les princes, les *prim-a capit-a*; les premières têtes des meilleurs ? — Nous verrons bien : l'auteur en parle encore à la fin. 3 *adolescentes* : des adolescents ? — Il les excite à imiter leurs pères : est-ce de 14 à 18 ans qu'on peut être un Caton, un Décius, un Pompée, un Cicéron ? Non, certes. Le mot latin a fait le mot français, sans lui passer le sens primitif : on était *adolescens* à Rome durant toute la *jeunesse*, et *juvenis*, jeune, de 25 ans à 55 ; donc *adolescentes* = jeunes hommes, comme *juvenes*, hommes dans la force de la maturité. — Voilà de l'archaïsme ! — 4 *Rationem?* c'est le moyen *d'imiter* et *d'arriver*. C'est corrélatif de *una via*. — 5 *a bene constitutis* : qu'est-ce que ces *bien constitués?* Les athlètes, les gladiateurs ? Les modèles des statuaires ? Voyons : il s'agit d'imiter les aïeux ; s'agit-il donc d'être aimé des portefaix ? La liaison des idées dit : *les hommes bien doués* par la nature, bien façonnés par l'exercice de la vertu. — 6 *Descriptionem*, la description ; la topographie de la ville ne serait pas une *rare connaissance*, *nosse* : il s'agit de la *constitution de l'État*, qui admet plusieurs ordres. — 7 *Deligere*, c'est choisir ; ne confondons pas avec *diligere*, chérir. — 8 *Confirmari*, être confirmé, soutenu, car il y a plusieurs ordres ; quels sont les plus près *proximorum* du sénat ? — L'ordre des hauts fonctionnaires, l'ordre des chevaliers. — 9 *Pro virili parte*, voici un idiotisme : Horace a dit : *virilem gerere partem*, remplir le rôle d'un noble personnage, car il parle là du *chœur*.

C'est donc ici agir *en homme de cœur*, ou *de tout son pouvoir*. — 10 *Optimates*, les voici de nouveau, et comme leur rôle est exposé, nous comprenons que ce sont les vrais bons et grands citoyens, quels que soient d'ailleurs leurs rangs, leurs fortunes, leurs prérogatives. — Ces 10 mots demandent-ils plus de 10 minutes? Je vous en octroie 15.

— 3° Passons à *l'étude des phrases*. — 1° Nous les séparons et distinguons par des chiffres (pas toutes, mais les douteuses). — 2° Nous lions et devinons à l'aide des rapports. Ceci peut se faire simultanément ou successivement.

— Notons : — 1° Que beaucoup de phrases sont incidentes et explicatives, *ut extremum*, et que d'autres sont elleptiques : *et qui = et vos qui; via dignitatis;* que là l'infinitif est sujet *laudari*, etc.; qu'ailleurs sont des corrélatives : *ita ut — quum* n'est qu'une incidente explicative ; qu'enfin les deux points : répétés, subordonnent toutes ces propositions à *voluerunt* ayant pour sujet, même sous-entendu, *qui* représentant les aïeux.

— 2° Quelle est l'unité de la version? C'est d'encourager la jeunesse à suivre la ligne du devoir. Précisons : la jeune aristocratie à se montrer digne de l'ancienne. Quelle aristocratie? celle de la naissance avec le mérite, et celle du mérite seul? Quel est le but? Le bien de l'État; le moyen? Imiter les aïeux : Conserver. — Quant aux phrases, il en est quelques-unes qui présentent quelque obscurité : rappelez-vous les faits historiques : a-t-on chassé les rois, fait un sénat, créé des consuls, à Rome? En général, un sénat implique-t-il des consuls? Non, mais des consuls, — qui consulunt reipublicæ — impliquent un sénat, un conseil d'État. — Voilà du droit, si vous voulez, c'est le *nosse descriptionem* civitatis : — Vous voyez bien qu'on ne peut improviser ni les études, ni la version.

— 4° Reste à faire le littéral ; — 5° puis le français. — Le 1er de deux manières, le 2e en corrigeant et corrigeant encore.

— 1° Littéral. — Mais, — afin que mon discours | ait quelque chose (pour) extrême — et afin que moi | je fasse fin de dire, | avant — que vous, (vous ne fassiez fin) | de m'écouter si attentivement ; — je conclurai (par) ceci | touchant les meilleurs (citoyens), | et (touchant) ceux à leur tête, | et touchant les défenseurs de la chose publique : — et vous, jeunes gens, et (vous) qui êtes nobles, | je vous exciterai | à l'imitation de vos aïeux ; | et (vous) qui pouvez acquérir noblesse | par talent et vertu,

| je vous exhorterai à cette carrière (ou méthode, pratique) | dans laquelle de nombreux hommes nouveaux | ont fleuri en honneur et gloire. — Inutile de continuer. Mais voyez si ceci n'est pas plus énergique et plus clair : — et (vous) qui | par talent et vertu | noblesse pouvez acquérir, | à cette carrière | dans laquelle | nombreux hommes nouveaux | et d'honneur et de gloire ont fleuri, | je (vous) exhorterai.

— 5° Essayons de faire le français : — Or, pour conclure par une pensée ce discours, et pour mettre à mes paroles un terme, avant que vous en trouviez un à votre si bienveillante attention, ma pensée est celle-ci sur les grands citoyens, sur ceux qu'ils ont à leur tête, et que la république a pour défenseurs. — Oui, jeunes gens, et vous que la noblesse distingue, vous avez des aïeux à imiter : je vous y engage ! et vous que le talent et la vertu peuvent mener à la noblesse, entrez dans cette carrière où beaucoup d'hommes nouveaux ont vu la considération et la gloire couronner leur front : je vous y exhorte. — Voici l'unique voie, croyez-moi, du mérite vrai et de l'estime publique : que les bons citoyens, les hommes sages et bien dotés par la nature, vous accordent louanges et affection. Voyez à fond l'ordre social que nos aïeux ont si sagement établi. En effet, quand les rois et leur puissance arbitraire leur furent trop pesants, oui, des magistrats annuels furent créés, mais aussi l'assemblée du sénat dut rester au-dessus de tout, immuable. On dut choisir d'ailleurs pour ce conseil dans tous les rangs du peuple, et l'entrée à cet ordre suprême, pour tout homme de mérite et de vertu, dut rester ouverte. Le sénat dut donner à l'intérêt public attention, tutelle et défense : poste d'honneur ! Cet ordre vit de son autorité relever les magistrats, pour ainsi dire, ministres de ses graves décisions. Telle fut le plan. Le sénat, à son tour, reçoit des ordres les plus rapprochés une splendeur qui le corrobore. Le peuple, sa liberté et ses avantages à protéger, à augmenter, voilà le but fixe. — Cet ordre, qui le défend en homme de cœur, est du nombre des grands citoyens, quel que soit son rang ; ceux-là surtout qui mettent la tête au service d'un si grand poids et soutiennent la chose publique ; ceux-là toujours ont eu le nom de chefs des bons citoyens, de pères et conservateurs de l'État.

Paris.— Imprimé par E. Thunot et Cⁱᵉ, 26, rue Racine, près de l'Odéon.

PARIS. — IMPRIMÉ PAR E. THUNOT ET Cie, RUE RACINE, 26.

www.ingramcontent.com/pod-product-compliance
Lightning Source LLC
Chambersburg PA
CBHW060938050426
42453CB00009B/1070